BEI GRIN MACHT SICH IHR WISSEN BEZAHLT

- Wir veröffentlichen Ihre Hausarbeit, Bachelor- und Masterarbeit

- Ihr eigenes eBook und Buch - weltweit in allen wichtigen Shops

- Verdienen Sie an jedem Verkauf

Jetzt bei www.GRIN.com hochladen und kostenlos publizieren

Bibliografische Information der Deutschen Nationalbibliothek:

Die Deutsche Bibliothek verzeichnet diese Publikation in der Deutschen Nationalbibliografie; detaillierte bibliografische Daten sind im Internet über http://dnb.d-nb.de/ abrufbar.

Dieses Werk sowie alle darin enthaltenen einzelnen Beiträge und Abbildungen sind urheberrechtlich geschützt. Jede Verwertung, die nicht ausdrücklich vom Urheberrechtsschutz zugelassen ist, bedarf der vorherigen Zustimmung des Verlages. Das gilt insbesondere für Vervielfältigungen, Bearbeitungen, Übersetzungen, Mikroverfilmungen, Auswertungen durch Datenbanken und für die Einspeicherung und Verarbeitung in elektronische Systeme. Alle Rechte, auch die des auszugsweisen Nachdrucks, der fotomechanischen Wiedergabe (einschließlich Mikrokopie) sowie der Auswertung durch Datenbanken oder ähnliche Einrichtungen, vorbehalten.

Impressum:

Copyright © 2014 GRIN Verlag
Druck und Bindung: Books on Demand GmbH, Norderstedt Germany
ISBN: 9783668665040

Dieses Buch bei GRIN:

https://www.grin.com/document/417006

Rocío Toscano Rodríguez

Die Schönheit als Erfolgsfaktor in der heutigen Gesellschaft?

Schönheitsideale im Wandel der Zeit

GRIN Verlag

GRIN - Your knowledge has value

Der GRIN Verlag publiziert seit 1998 wissenschaftliche Arbeiten von Studenten, Hochschullehrern und anderen Akademikern als eBook und gedrucktes Buch. Die Verlagswebsite www.grin.com ist die ideale Plattform zur Veröffentlichung von Hausarbeiten, Abschlussarbeiten, wissenschaftlichen Aufsätzen, Dissertationen und Fachbüchern.

Besuchen Sie uns im Internet:

http://www.grin.com/

http://www.facebook.com/grincom

http://www.twitter.com/grin_com

Die Bedeutung der äußeren Erscheinung des Mensches in der aktuellen westlichen Gesellschaft

(Hausarbeit)

Autorin: Rocío Toscano Rodríguez
Übungen zum Schreiben

Inhaltsverzeichnis

1 Einleitung 3
2 Schönheitsideal und die westliche Kultur 3
    2.1 Die Schönheit als Erfolgsfaktor 4
        2.1.1 In beruflicher Hinsicht 5
        2.1.2 In persönlicher Hinsicht 6
3 Negative Folgen des heutigen Schönheitskultes 7
4 Mögliche Lösungen gegen die ästhetische Diskriminierung am Arbeitsplatz 8
5 Schluss 8
Literaturverzeichnis 9

1 Einleitung

Im Laufe der Zeit hat der Begriff der Schönheit viel verändert sowie an Bedeutung, vor allem im beruflichen Bereich, gewonnen. Früher hatte sie nicht einen so wichtigen Wert, sogar das Schönheitsideal war ganz anders: für Frauen Kurven zu haben und in generell ein bisschen pummelig zu sein, was bedeutete, dass eine Person aus einer reichen Familie stammt. Die Menschen waren dann nicht so dünn wie heutzutage, was wegen der Werbungen der visuellen Medien in Verbindung mit den eigenen Vorurteilen der Gesellschaft verändert hat. Ein gutes Aussehen zu haben hat sich in einer der Besorgnis erregendsten Entwicklungen unserer Gesellschaft verwandelt.

In den folgenden Kapiteln werden die Begriffe „Schönheitsideal" und „westliche Kultur" definiert, um festzulegen, über welche Inhalt genau in der Arbeit gesprochen wird. Dann wird die Steigerung der Bedeutung von Schönheit in der gegenwärtigen Zeit gezeigt, sowie der Einfluss dieser schönen äußeren Erscheinung vor allem in beruflichen und auch kurz in persönlichen Bereichen. Ebenfalls werden einige Folgen und Probleme daher kurz genannt, unter denen immer mehr Menschen leiden. Zum Schluss bietet man auch einige mögliche Lösungen an, um die Bewertung nach äußerlichen Merkmalen am Arbeitsplatz und daher die Ungerechtigkeit gegenüber nicht so schönen Menschen zu vermeiden.

Das Ziel dieser Arbeit ist es, einen Appell an unsere Gesellschaft zu richten, damit andere Leute nicht nur nach ihrem Äußeren berurteilt werden. Daher werden gestellte Fragen wie, ob die Schönheit eigentlich überbewertet ist oder inwiefern das Aussehen beeinflussen kann, beantwortet.

Aufgrund des gewählten umfangreichen Themas werden nur einige konkrete Inhalte, die sich auf die schon oben genannte Aspekte bezieht, in den Mittelpunkt stellen, vor allem in beruflicher Hinsicht.

Für eine sachliche Analyse des Themas ist man ebenfalls von dem Tatsache ausgegangen, dass die Schönheit auf viele verschiedenen Entscheidungen einwirkt, wie zum Beispiel auf die Auswahl eines neuen Bewerbers bei einer Firma, wo sie heutzutage augenscheinlich einen entscheidenden Faktor darstellt. Trotzdem, um diese Arbeit eigentlich schreiben zu können, werden einige Zeitungsartikel, Untersuchungen und Studien von verschiedenen Experten verwendet, wie zum Beispiel die Forscherin Ökonomieprofessorin Sonja Bischoff von der Universität Hamburg.

2 Schönheitsideal und die westliche Kultur

In jeder Kultur gibt es verschiedene Schönheitsideale, das heisst, „eine bestimmte Vorstellung der Schönheit, die sich auf die äussere Erscheinung des Körpers und des Gesichtes jedes Menschen genau bezieht". (fremdwort.de)

In der westlichen Kultur, mit der man hier versteht, die Werte, Gewohnheiten, Traditionen und Sitten, die alle europäischen Länder, USA, Kanada, sowie auch die von Europäern beeinflusste Australien und Neuseeland teilen, verbindet die Gesellschaft heutzuge die

Schönheit zu den leichten Untergewicht, was nicht immer genauso war (Grösch, S., & Licht, C. 2009).

Wegen der Erscheinung dünner schöner Menschen in den Werbungen visueller Medien und die zunehmende Globalisierung verbreitet sich diese Konzeption von Schönheit der westlichen Kultur immer mehr über andere Kulturen wie die Asiatische oder Afrikanische (wer ist schoen.de, 2014). „Das weibliche Schönheitsideal besteht aus ein von der Gesellschaft geschaffenes Konstrukt äußerlicher Attraktivität und ist eines der wichtigsten Attribute einer Frau, etwas wonach alle Frauen streben und festhalten wollen" (Spade & Valentine, 2010).

Im weiteren Verlauf werden die Schönheit und ihre Folgen aus beruflichen und persönlichen Perspektiven betrachtet.

2.1 Die Schönheit als Erfolgsfaktor

Es ist eine Tatsache, dass jedermann es gefällt, sich mit schönen, gepflegten Leute zu umgeben. Aber was wäre passiert, wenn man die Leute nur nach dem Äußeren beurteilen würde?

Wie schon in der Einleitung erwähnt, ist die Schönheit heutzutage eines der einflussreichen Faktoren, um erfolgreich in den verschiedenen Bereichen zu werden. „In der Studie „Arbeitsmarkt 2013 – Perspektive der Arbeitnehmer", halten mehr als 60 Prozent der Befragten Schönheit für einen entscheidenden Erfolgsfaktor"- zeigt der Artikel „Aussehen und beruflicher Erfolg: Schöne neue Arbeitswelt" von Andrea Eibl in der „Frankfurter Allgemeine Zeitung" (2013). Anscheinend könnte dieser Erfolg von der automatischen Betrachtung der Schönheit als „das Gute" kommen, wie die Studie „Beautycheck" der Universität Regensburg in dem Artikel „Der Lohn der Schönheit" in der „Neue Zürcher Zeitung" (2004) zeigt: „was schön ist, wird als gut wahrgenommen".

Eine andere Studie beim Forschungsinstitut zur Zukunft der Arbeit (IZA) ergab, dass „gutes Aussehen steigert den wirtschaftlichen Erfolg und wirkt sich damit positiv auf die individuelle Lebenszufriedenheit aus. [...] Neben einem direkten „Wohlfühleffekt" guten Aussehens resultiert ein gesteigertes persönliches Glücksgefühl vor allem aus indirekten Wirkungen: Die von anderen wahrgenommene Schönheit bringt materielle Vorteile auf dem Arbeitsmarkt und bei der Partnersuche. Insgesamt profitieren Männer und Frauen gleichermaßen von optischer Attraktivität" (Fallak, 2011).

Einige der Ursachen, die dazu geführt haben, sind auch die eigene Urteilen der Menschen und die Medien, wer aus dem Effekt der Schönheit den grösstmöglichen Nutzen ziehen und zeigen in ihren Werbungen immer mehr dünne schöne Menschen, um ihre Produkte verkaufen zu können. Daher wird auch die Schönheit mit Erfolg in Zusammenhang mitgebracht.

Viele Experten stimmen darin überein, dass Personen mit guter äußerer Erscheinung ebenfalls geglaubt werden, zu sich selbst mehr zu vertrauen und bessere Eigenschaften als nicht so schöne Menschen zu haben („halo Effekt"). Einige dieser automatischen asoziierten Charaktereigenschaften mit der Schönheit, laut Cristina Sáez in ihrem Artikel

„La ciencia de la belleza" in der spanischen Zeitung „La Vanguardia" (2011), sind „erfolgreicher, kreativer, intelligenter, fleissiger, glaubwürdiger und geselliger zu sein", was die Aussichten auf Erfolg in beruflicher und persönlicher Hinblick steigert. Unattraktiven Menschen gegenüber haben sie dann mehr Chancen, z. B., um ein gutes Arbeitsplatz oder ein(e) Partner(in) zu finden.

In Bezug auf dieses Thema erläuterte der Psychologe Michael Thiel in einem erscheinenden Artikel in der „Salzburger Nachrichten": "Insofern kann ein gut aussehender Manager unbewusst und automatisch als energischer, erfolgreicher, intelligenter eingeschätzt werden, obwohl ein vielleicht weniger gut aussehender Manager ähnliche Leistungen zeigt.". Auch andere Studien und Experten, wie die schon genannte Studie „Beautycheck" oder die Sozialpsychologin Sabine Sczesny, bestätigen die Behauptung von Cristina Sáez und Michael Thiel, gutaussehende Personen besser eingeschätzt zu sein, was „die Urteilenden bei Bewerbungsverfahren sehr wohl beeinflussen kann", sagt die Sozialpsychologin.

In dem folgenden Unterkapitel wird das tiefer mit weiteren Daten von Studien und Untersuchungen gezeigt.

2.1.1 In beruflicher Hinsicht

Es gibt viele verschiedene Untersuchungen, die zeigen, dass attraktiv zu sein, immer wichtiger ist und vielfältige Vorteile in der heutigen Berufswelt hat. Nach einer langen Studie von Sonja Bischoff über Männer und Frauen im Mittelmanagement und die führenden Faktoren zum Karriere-Erfolg wird in der „Neue Zürcher Zeitung" (2004) gezeigt, dass die Bedeutung eines schönen Aussehens in den letzten Jahren gestiegen ist. Ihre Untersuchungen ergeben, dass, während 1986 meinten nur 6 Prozent der Befragten, dass die äußere Erscheinung bei Karriere eine wichtige Rolle spiele, waren es schon 14 Prozent im Jahre 1991 und danach 20 Prozent 1999.

Auch in einer anderen Umfrage, die die schon genannte Proffesorin im Jahre 2003 machte, konnte sie ebenfalls einen Unterschied nach Geschlecht beobachten, in der die Männer (32% der Befragten) mehr mit dieser Aussage „Aussehen fördert Karriere" als Frauen (26%) einverstanden sind. Nach der Veröffentlichung eines Artikels von Haiko Prengel in der deutschen Zeitung „Die Zeit" (2012), hätten sich diese Angaben jedoch 2008 bei ihrer fünften Befragung verändert, in der der Prozent der befragten Frauen auf 36% gestiegen sei. "Kein anderer Erfolgsfaktor ist in so einem Maße wichtiger geworden wie die äußere Erscheinung", sagt Bischoff. Es kommt hier klar, dass die Attraktivität hilft, wenn es um den Beruf geht. „Das Aussehen hat gleichsam selber Karriere gemacht" gibt die Forscherin Sonja zu. Egal an welchen der aktuellen Filmschauspieler, Topmodels, TV-Moderatoren oder Sänger denkt man. Einer der Schlüssel zum Erfolg ist die äussere Erscheinung, was auch in den täglichen Werbespots gezeigt wird, da keine nicht dem Schönheitsideal entsprechenden Leute erscheint werden. Schönheit ist überall, sogar in unserem Alltag.

„Wir leben mehr denn je in einer Welt der Bilder und visuelle Eindrücke gewinnen somit immer mehr an Bedeutung. [...] überdurchschnittlich legen erfolgreiche Männer und Frauen sehr viel mehr Wert auf ihre äußere Erscheinung als weniger erfolgreiche Menschen."- erklärte Bischoff in einem Interview mit der DGFP Online-Redaktion.

Die Bedeutung der Schönheit am Arbeitsplatz lässt sich auch in der Rückwirkung der Arbeitgeber vor dem Bewerbungsfoto beobachten, das eine wichtige Rolle spielt. Das zeigt man durch ein Experiment in einem Artikel von Marlene Zeintliger in der Blog „job.at" (2014): „demselben Lebenslauf einmal ein Foto einer attraktiven und einmal einer optisch weniger ansprechenden Person beigelegt wurden. Und siehe da:
Die Bewerbungen wurden unterschiedlich bewertet. Attraktivität hat also offensichtlich einen Einfluss auf den Erfolg, auch im Job". Troztdem wäre eine schöne äussere Erscheinung einer Person nach Sonja Bischoffs (2012) Meinung vielmehr „ein gepflegtes Auftreten, Körperhaltung und bestimmte Soft Skills – sozusagen eine positive "Gesamtausstrahlung", was in Verbindung mit einer besonderen Persönlichkeit zum beruflichen Erfolg führt", laut ihr Buch „Wer führt in die Zukunft?: Männer und Frauen in Führungspositionen der Wirtschaft in Deutschland- die 5. Studie" (2010).

Einige Vorteile, ein schönes Aussehen zu haben, wären eine Lohnerhöhung und die Möglichkeiten, in der Arbeit befördert zu werden, unter anderen. Das zeigt man in der Studie „Beauty and the Labor Market" von Daniel S. Hamermesh und Jeff E. Biddle, Forscher der Universität Texas und Michigan State University. Wegen der höhen Diskriminierung in dem Arbeitsmarkt in die USA entdecken Hammermesh und Biddle in ihrer Untersuchung, dass es eine bessere Behandlung und eine solche Vetternwirtschaft für die Schönheit gibt.

Attraktive Menschen sind besser bezahlt, wo man noch ein kleines Unterschied in der Gehalt der Männer und Frauen findet. Gut aussehende Männer bekommen ungefähr 5 Prozent mehr als weniger attraktive Mitarbeiter. Dahingegen verdienen schöne Frauen ein bisschen weniger, aber noch ein 4 Prozent höheres Gehalt, nach dem Artikel „Mehr Geld, mehr Sex, mehr Freunde. Schöne haben's leichter" in dem Wissensmagazin „Scinexx". Trotzdem bekommen diese Frauen Meinung Professorin Sonja Bischoff in der Arbeit geringere Führungspositionen, denn sie sind dazu weniger befähigt geglaubt. In der Studie von Hammermesh und Biddle ist diese Behauptung auch bestätigt und wird, dank einer vorgerigen Arbeit von Hatfield und Sprecher (1986), einen geschlechtlichen Vergleich zugegeben, in dem, während attraktive Frauen nur für höhe Büroarbeiten ausgewählt sind, werden Männer mit gutem Aussehen auch für Führungspositionen gewählt.
„The evidence also suggests that women's and men's beauty /ugliness might be treated differently in the labor market"- bringen ins Reine Hammermesh und Biddle.

Auch wird es hier in ihrer Studie angezeigt, dass, da die Bevorzugung der Kunden auch beeinflusst, die mit Attraktiven lieber in Kontakt sind, sind viele gut aussende Mitarbeiter produktiver als Unatrattive. Diese Bevorzugung der Kunden könnte auch von der schon oben genannten Zusammenhang des Schönes mit dem Guten kommen.

„Gutes Aussehen ist für den beruflichen Erfolg, unabhängig von Faktoren wie dem eigenen Bildungsniveau und IQ, von entscheidendem Vorteil" - bestätigen einige Soziologen der University of Essex, in England.

2.1.2 In persönlicher Hinsicht

Wie schon im vorigen Kapitel gesagt, hat das Aussehen einen immer größeren Einfluss in beruflicher Hinsicht. Zur gleichen Zeit beeinflusst sie auch positiv in persönlicher Hinsicht, wie in diesem Kapitel entdeckt wird.

Oft wird die Schönheit auf das Glücksgefühl bezogen. Die Zufriedenheit einer Person mit ihrer äußeren Erscheinung verbessert ihr Selbstwertgefühl, was einen positiven Eindruck macht. Sie sind besser geschätzt und bekommen ebenfalls während ihrer ganzen Leben mehr Hilfe von Anderen. „Schöne Menschen sind meist beliebter bei ihren Mitmenschen"- behaupt einen Artikel über Schönheit in der Webseite „wer ist schoen.de" (2014).

Eine wichtige Rolle spielt auch die Schönheit, wenn es um eine Partnersuche geht. Anziehende Frauen haben viel Erfolg bei Männern und schaffen, z.B., reiche Männer zu heiraten und, zur gleichen Zeit, ein leichtes Leben zu haben.

Nachweislich hat der schon oben gennante „halo Effekt" auch hier ihre Wirkungen. Auch wegen der immer Präsenz schöner Frauen in aktuellen Werbenspots schafft man ein falsches Bild der Realität, was die Partnersuche erschwert, denn Menschen stellen sich immer hohe Ansprüche, um einen Partner zu finden. Männer fantasieren oft von Frauen, wie die in der Medien erscheinen, obwohl sie in der meisten Fallen wirklich stark nachbearteitet sind, um die Perfektion (Schönheitsideal) zu erreichen.

Einige der Folgen, die diese Werbenspots in Verbindung mit den Urteilen der Gesellschaft in den verschiedenen Bereichen verursachen, werden in den folgenden Kapiteln genannt.

3 Negative Folgen des heutigen Schönheitskultes

Zahlreiche Auswirkungen bringt das aktuelle Treiben des Schönheitskultes in den Medien, am Arbeitsplatz und im Alltagsleben. Essstörungen wie die Anorexie oder die Bulimie sind nur ein Beispiel dafür, die wegen den gestellten Forderungen der aktuellen Gesellschaft an der Tagesordnung sind.

Andere wichtige Krankheiten aufgrund der großen Bedeutung der Schönheit sind die Seelische, die zu einer Wende in dem Benehmen und auch in vielen Fällen zu ernsten Erkrankungen wie die Depression führen.

Daher kommen auch die jeweiligen Schönheitsoperationen, da die Leute sich in vielen Fällen bemüssigt fühlen, vor allem Frauen, ihre Erscheinungsbilder zu verbessern, um ein gutes Arbeitsplatz zu finden und zur gleichen Zeit mit sich selbst wohlzufühlen.

In dem Artikel „Bin ich nicht schön?", der im Mai 2010 in der digitallen Zeitung „Süddeutsche.de" erscheinte, zeigen Ines Schipperges und Violetta Simon, dass „die Zahl der Schönheitsoperationen, laut Schätzungen des Bundesministeriums für Ernährung, Landwirtschaft und Verbraucherschutz (BMELV), auf weit mehr als 400.000 im Jahr gestiegen ist. Auf Platz eins in der Beliebtheitsskala steht die Liposuktion", obwohl sie mit sich immer ein Risiko bringen.

Demzufolge werden die schweren Konsequezen bestätigt, die in unserer Gesellschaft eine Überbewertung der Schönheit verursachen kann.

4 Mögliche Lösungen gegen die ästhetische Diskriminierung am Arbeitsplatz

Wie schon in den vorherigen Kapiteln nachgewiesen, besteht im Allgemeinen eine gewisse Präferenz gegenüber gutaussehenden Menschen. Um zu vermeiden, dass Personen mit weniger Anziehungskraft am Arbeitsplatz diskriminiert werden, sollten gültige Lösungen gefunden werden, wie der Erlass von stärkeren Antidiskriminierungsgesetzen oder die Abwesenheit eines Fotos in dem Lebenslauf und anderen wichtigen Bewerbungsunterlagen, was schon seit einiger Zeit in den USA ganz üblich ist. „Wer sich in den USA auf eine Stelle bewirbt, sollte seinen Unterlagen lieber kein Foto beilegen. Hier gilt es als verpönt, sich mit Lichtbild zu präsentieren. Grund: Jeder soll die gleichen Chancen haben."- erklärt ein Artikel über das Allgemeine Gleichbehandlungsgesetz und die Nützlichkeit eines Bewerbungsfotos in der Webseite „access.de."

Wenn alle Länder diese strenge Maßnahme ergreifen würden, würde die Chancengleichheit der Menschen bei der Bewerbung erhöhen und die Diskriminierung sinken, was allmählich verwirklicht wird.

5 Schluss

Dank der in dieser Arbeit gesammelten Angaben wird es behaupt, dass die Schönheit sowohl im beruflicher als auch persönlicher Hinblick immer mehr bewertet ist, wo 60% der Befragten glauben, dass die Schönheit ein entscheidender Faktor ist, um Karriere- erfolgreich zu sein, nach der Studie „Arbeitsmarkt 2013 – Perspektive der Arbeitnehmer".

Außerdem sind schöne Menschen als intelligent oder fleißig betrachtet und man beurteilt automatisch zur gleichen Zeit Schönheit mit Erfolg.

In Bezug auf die Vorteile, die wegen einer guten äußeren Erscheinung gezogen werden, wird vor allem die Lohnerhöhung deutlich, die in dem 5 Prozent für Männer und 4 Prozent für Frauen höheres Gehalt im Unterschied zu anderen Mitarbeitern reflektiert wird. Auch im Alltagsleben ist die Schönheit ein Synonym von Erfolg, denn attraktive Personen sind beliebter und haben viel weniger Schwierigkeiten, um einen guten Partner zu finden.

Als Gesamtergebnis wird bestätigt, dass, ein schönes Aussehen zu haben, eigentlich in allen Bereichen ein leichtes Leben ermöglicht.

Aufgrund der Ausdehnung des ausgewählten Themas wurden einige Schwierigkeiten gefunden, um mit dem umfangreichen Inhalt zu behandeln.

Mit dieser Arbeit versucht man, unserer Gesellschaft Aufmerksamkeit zu lenken, um sie durch die Bedeutung dieses Themas zur Einsicht zu bringen.

Literaturverzeichnis

Access.de (2014). *AGG zum Trotz: Bewerbungsfoto hilft der Karriere auf die Sprünge*; http://www.access.de/karriereplanung/karriere-tipps/bewerbungsfoto-ja-oder-nein-3982. Letzter Zugriff: 15.07.2014

Bischoff, S. (2010). *Wer führt in (die) Zukunft? Männer und Frauen in Führungspositionen der Wirtschaft in Deutschland.* (Vol. 5). W. Bertelsmann Verlag. Letzter Zugriff: 15.07.2014

Eibl, A. (2013). *Aussehen und beruflicher Erfolg: Schöne neue Arbeitswelt.* http://www.faz.net/aktuell/beruf-chance/arbeitswelt/aussehen-und-beruflicher-erfolg-schoene-neue-arbeitswelt-12216519.html. Letzter Zugriff: 13.07.2014.

Fallak, M. (2011). *Schönheit macht erfolgreich und glücklich.* http://www.iza.org/press_files/IZAPress20110329BeautyDP5600.pdf. Letzter Zugriff: 13.07.2014.

Fremdwort.de. (Definition Schönheitsideal); http://www.fremdwort.de/suchen/bedeutung/sch%C3%B6nheitsideal

Grösch, S., & Licht, C. (2009). *Schönheitsideale im Wandel der Zeit-Essstörungen: Präventionsmaßnahmen und Aspekte der Gesundheitsförderung.* GRIN Verlag. Letzter Zugriff: 11.07.2014.

Hamermesh, D. S.,& Biddle, J. E. (2001). *Beauty and the labor market.* http://www.ux1.eiu.edu/~lsghent/hamerbiddle.pdf. Letzter Zugriff: 13.07.2014.

Jussen, Sascha (2010*).* DGFP-News: *Frauen im Management - weit entfernt von Gleichberechtigung? - Interview mit Sonja Bischoff, Professorin für Allgemeine Betriebswirtschaftslehre an der Universität Hamburg*; http://www.dgfp.de/aktuelles/dgfp-news/frauen-im-management-weit-entfernt-von-gleichberechtigung-interview-mit-sonja-bischoff-professorin-fuer-allgemeine-betriebswirtschaftslehre-an-der-universitaet-hamburg-1112 Letzter Zugriff: 12.07.2014.

Neue Zürcher Zeitung (2004). *Der Lohn der Schönheit, Wie attraktives Aussehen der Karriere auf die Sprünge.* http://www.nzz.ch/aktuell/startseite/articleA0LUA-1.345343. Letzter Zugriff: 15.07.2014.

Prengel, Haiko (2012). *Schönheit im Job: Quasimodos machen seltener Karriere.* http://www.zeit.de/karriere/beruf/2012-05/erfolg-aussehen-karriere. Letzter Zugriff: 13.07.2014.

Sáez, Cristina (2011). *La ciencia de la belleza*; http://www.lavanguardia.com/estilos-de-vida/20110826/54204629310/la-ciencia-de-la-belleza.html. Letzter Zugriff: 11.07.2014.

Salzburger Nachrichten (2014). *Schönheit ist Schlüssel zum Erfolg*; http://www.salzburg.com/nachrichten/rubriken/bestestellen/karriere-nachrichten/sn/artikel/schoenheit-ist-schluessel-zum-erfolg-89114/

Schipperges, I., Simon, V. (2010). *Schönheitsideale der Kulturen: Bin ich nicht schön?* http://www.sueddeutsche.de/leben/schoenheitsideale-der-kulturen-bin-ich-nicht-schoen-1.204145. Letzter Zugriff: 15.07.2014.

Spade, Joan Z; Valentine, Catherine (Kay) G (2010).*The Kaleidoscope of Gender: Prisms, Patterns and Possibilities* (Third ed.). SAGE Publications, Inc.

Wer ist schoen.de (2014). *Schönheitsideale - Schönheitsvorstellungen in verschiedenen Kulturen: Schönheitsideale in anderen Kulturen.*
http://wer-ist-schoen.de.tl/Sch.oe.nheitsvorstellungen-in-verschiedenen-Kulturen.htm
http://wer-ist-schoen.de.tl/Gesellschaft.htm. Letzter Zugriff: 11.07.2014

Wissensmagazin „Scinexx" (2014). *Mehr Geld, mehr Sex, mehr Freunde. Schöne haben's leichter.* http://www.scinexx.de/dossier-detail-240-7.html

Zeintlinger, Marlene. (2014), Attraktivität als Faktor für den beruflichen Erfolg; http://www.job.at/blog/bewerbung/attraktivitaet-als-faktor-fuer-den-beruflichen-erfolg/. Letzter Zugriff: 14.07.2014

BEI GRIN MACHT SICH IHR WISSEN BEZAHLT

- Wir veröffentlichen Ihre Hausarbeit, Bachelor- und Masterarbeit

- Ihr eigenes eBook und Buch - weltweit in allen wichtigen Shops

- Verdienen Sie an jedem Verkauf

Jetzt bei www.GRIN.com hochladen und kostenlos publizieren